ANTIGUO TESTAMENTO

Y Dios creó el mundo en siete días

La Tierra estaba desierta, no existía nada. La oscuridad cubría todo, pero el espíritu de Dios aleteaba sobre la superficie.
Para crear el mundo, Dios trabajó seis días y el séptimo descansó.

Día primero
La creación de la luz

La Tierra era toda oscuridad, desorden y tiniebla. Y dijo Dios: "Que exista la luz". Y la luz existió. Entonces Dios llamó a la luz día y a la oscuridad noche.

Día segundo
La creación del cielo

Y dijo Dios: "Que exista un espacio que separe las aguas, de arriba y de abajo". Y así fue. Y Dios llamó cielo a ese espacio celeste.

Día tercero
La creación del mar y la tierra

Y dijo Dios: "Que se junten las aguas de abajo del cielo en un solo lugar, y que aparezca suelo seco". Y así fue. Y Dios llamó tierra a los suelos secos y llamó mar a la masa de las aguas.

Y dijo Dios: "Que haya vegetación sobre la tierra, que se cubra de hierbas y árboles que hagan nacer semillas, para que den muchos frutos y repartan más semillas sobre la tierra". Y así fue. En la tierra brotó hierba verde, germinaron las semillas y crecieron los árboles que daban frutos.

Día cuarto
La creación del Sol, la Luna y las estrellas

Y dijo Dios: "Que existan luces en el cielo para separar el día de la noche, para señalar las fiestas, los días y los años, y para alumbrar la tierra". Y así fue. Dios creó dos grandes luces: la luz mayor –el Sol– para que se haga el día, la luz menor –la Luna– para que funcione la noche. Luego creó las estrellas y las puso en lo alto del cielo para ayudar al Sol y a la Luna a iluminar la Tierra.

Día quinto
La creación de los pájaros y los peces

Y dijo Dios: "Que en las aguas cante la vida, que en el cielo vuele la vida". Y creó Dios los animales del mar y las aves. Y los bendijo diciendo: "Crezcan y multiplíquense, llenen las aguas del mar y los cielos".

Día sexto
La creación de los animales, el hombre y la mujer

Y dijo Dios: "Que produzca la tierra seres vivientes, animales domésticos y animales salvajes de diferentes especies de vida". Y así fue. Creó Dios los animales de la Tierra.

Y dijo Dios: "Voy a hacer un hombre a mi imagen y semejanza; para que domine los peces del mar, las aves del cielo, los reptiles y todos los animales". Y modeló Dios una figura de barro a su imagen y semejanza, le puso alma y le dio vida para crear al hombre.

Y vio Dios que todo lo que había hecho era muy bueno.

Día séptimo
El descanso de Dios

Y quedaron concluidos el cielo, la tierra y sus habitantes.

En el séptimo día Dios ya había terminado su tarea y descansó de su labor creadora, bendijo ese día y lo consagró al reposo.

Esta es la historia de la creación del mundo.

Adán y Eva

El Señor había modelado al hombre con barro, luego sopló su aliento divino en su nariz para darle vida y lo ubicó en un bosque. Allí estaban el Árbol de la Vida, el árbol para conocer el bien y el mal.

Dios le dijo al hombre: "Puedes comer de todos los árboles, pero del árbol de conocer el bien y el mal no comas".

Y luego pensó: "No está bien que el hombre esté solo; voy a crear a alguien que lo acompañe". Entonces Dios durmió profundamente al hombre, le sacó una costilla y le cerró la herida. De la costilla que le había quitado al hombre, Dios formó una mujer y se la presentó al hombre.

El primer hombre se llamó Adán y la primera mujer se llamó Eva.

Luego Dios le presentó a Adán a todos los animales, para que les pusiera nombre.

El pecado original

Una tarde Eva encontró una víbora enroscada en el tronco de un árbol que le dijo: "¿Por qué no comes las frutas del Árbol del Bien y del Mal?".

"Porque Dios lo ha prohibido y anunció que moriremos si las comemos", respondió Eva.

"Son mentiras de Dios para que no las coman -dijo la víbora- porque si las comen serán como Él".

Eva comió las frutas del Árbol del Bien y del Mal. Y convidó a Adán, que le recordó que tenían prohibido comer esa fruta. Pero Eva repitió lo que había dicho la víbora y Adán cayó en la tentación.

Los dos quisieron ser como Dios, desobedecieron a su Creador y cometieron el primer pecado: el Pecado Original.

Dios ordenó a Adán y a Eva abandonar el Paraíso Terrenal y los castigó: dejaron de ser inmortales, comenzaron a sufrir el dolor y las enfermedades, envejecieron y el trabajo les empezó a producir fatiga.

Arrepentidos de su pecado, Adán y Eva pidieron perdón llorando. Dios, compadecido de ellos, les prometió que enviaría un Redentor a la Tierra, y que ese Redentor pagaría por los pecados de todos los hombres y les volvería a abrir las puertas del Cielo.

Caín y Abel

Adán y Eva tuvieron dos hijos: Abel, el pastor de ovejas, y Caín, el labrador.

Los dos adoraban a Dios y entregaban ofrendas para complacerlo. Pero Caín era menos generoso que Abel, porque ofrecía espigas y granos en mal estado, mientras su hermano le daba a Dios los mejores corderos. A Dios le disgustaban las ofrendas de Caín y recibía con alegría las de Abel. Caín comenzó a envidiar a su hermano. Un día le dijo: "Vamos al campo". Y cuando estaban allí, se echó sobre su hermano Abel y lo mató.

El Señor le dijo a Caín: "¿Dónde está tu hermano?". Caín contestó: "No sé, ¿soy yo el guardián de mi hermano?". Dios lo castigó por esa muerte y lo condenó a ser un vagabundo, lleno de resentimiento.

El arca de Noé

Dios vio que la maldad del hombre en la Tierra era grande y que todos los pensamientos eran malvados. Dios se enojó mucho y decidió que ningún hombre o animal existiera sobre la Tierra. Pero Noé se había ganado su cariño por lo que le dijo: "Todo tiene que volver a empezar. Tú eres el único hombre bueno que encontré, debes fabricar un arca gigante de madera porque voy a hacer llover durante cuarenta días y cuarenta noches, y este diluvio terminará con todos los seres vivientes. Pero hago un pacto contigo: entra en el arca con toda tu familia .Toma una pareja de cada ser viviente, para conservar la vida. Reúne toda clase de alimentos y almacénalos para ti y para ellos".

Y Noé hizo lo que le mandó el Señor y llovió sobre la Tierra cuarenta días con sus noches. El agua alcanzó una altura de siete metros sobre las montañas más altas. Noé esperó todos esos días y luego soltó una paloma desde el arca; ella volvió al atardecer trayendo en su pico una rama de olivo.

El agua en la tierra se había secado. Noé construyó un altar al Señor y devolvió los animales a la tierra. Todo volvió a empezar. Y el Señor se dijo a sí mismo: "No volveré a maldecir la Tierra a causa del hombre".

La torre de Babel

Los hombres se multiplicaron y poblaron el mundo, hablando el idioma de la familia de Noé. Un día construyeron una torre muy alta, la torre de Babel, para hacerse famosos y satisfacer su orgullo.

A Dios le disgustó esto. Para que se dieran cuenta de su error, el Señor se dijo: "Vamos a crear nuevos idiomas, de modo que uno no entienda la lengua del otro".

Entonces se dispersaron por la superficie de la Tierra hablando diferentes idiomas, dejando de construir la torre y dándose cuenta de que debían buscar a Dios y no su propia fama.

Abraham y la Tierra Prometida

Dios le pidió a Abraham que dejara su familia y su ciudad. Abraham era un hombre noble y rico, casado con Sara, pero obedeció la orden y emprendió un largo viaje, para ocupar las tierras donde habitarían sus descendientes y donde se formaría una gran nación. Aunque él y Sara no tenían hijos y ya eran ancianos los dos, Dios le anunció que su descendencia sería numerosa como las estrellas del cielo y que de ella nacería Jesús.

Abraham se puso en marcha, lo acompañaban Sara, su sobrino Lot con su mujer y todas las personas que trabajaban con ellos. Cruzaron lomas, valles y ríos, hasta llegar a la Tierra Prometida por Dios. Eran campos fértiles y verdes: el país de Canaán. Pasaron algunos años, Sara seguía sin tener hijos y ya dudaba de si iba a tenerlos. Abraham, en cambio, confiaba en Dios, que le había prometido descendencia.

El sacrificio de Isaac

Sara, la esposa de Abraham, finalmente tuvo un hijo como Dios le había prometido, que se llamó Isaac. Abraham le enseñó a montar y a cazar, le contó la historia de su pueblo y le anunció que de su descendencia nacería el Salvador, como le había dicho Dios.

Tiempo después, Dios quiso probar a Abraham y le dijo: "Quiero que me ofrezcas a tu hijo en sacrificio". Abraham sintió un gran dolor, pero decidió obedecer. Caminó con Isaac hasta la cima de una montaña. Él llevaba su cuchillo y su hijo cargaba la leña para el sacrificio.

"¿Dónde está el cordero?", preguntó Isaac. "Dios proveerá", contestó Abraham. Y siguieron ascendiendo. Cuando llegaron a la cumbre, llorando y con el corazón herido, Abraham tuvo que confesarle a su hijo la terrible noticia.

Isaac fue atado sobre el montón de leña y Abraham levantó el cuchillo para matarlo, cuando escuchó la voz de Dios: "¡Abraham, Abraham! No le hagas nada a tu hijo. Ya he comprobado que me amas, porque no me has negado la vida de la persona que más quieres. Serás bendecido por eso".

Abraham liberó a Isaac, lo abrazó y besó. Entonces descubrieron a un cordero que se había enredado en un matorral espinoso. Lo atraparon y lo ofrecieron en sacrificio, Dios había provisto.

Abraham y Sara murieron muy ancianos. Isaac se convirtió en el dueño de los campos de su padre, se casó con Rebeca y tuvo dos hijos mellizos: Jacob y Esaú.

José y sus hermanos

Jacob tuvo doce hijos. El menor se llamaba Benjamín y el penúltimo, José. Jacob quería mucho a Benjamín, pero José era su favorito. Los otros hermanos tenían envidia de los privilegios de José.

José era un soñador visionario, que lograba imaginar hechos que luego ocurrían de verdad.

Una tarde Jacob envió a José para que buscara a sus hermanos, que se habían alejado cuidando la manada. Al verlo aproximarse dijeron los hermanos: "¡Ahí viene el soñador! ¡Vamos a matarlo! Luego tiraremos su cadáver en un pozo. Le contaremos a nuestro padre que lo atacó un puma y se lo comió".

"No", opinó Rubén, el hermano mayor. "Mejor arrojémoslo vivo al pozo". Decía esto mientras pensaba que luego lo rescataría.

Entre todos atraparon a José y lo arrojaron al pozo vacío.

Rubén se fue a dar una vuelta por el campo, para no oír los quejidos de José en el pozo.

Cuando volvió se encontró con que los demás, en su ausencia, habían sacado a José del pozo y lo habían vendido a unos comerciantes que pasaban en viaje hacia Egipto.

A Jacob le mostraron la capa de José, manchada con la sangre de una cabra. El padre lloró desconsoladamente, convencido de que un puma había matado a su hijo preferido.

José también lloraba al llegar a Egipto. Lo llevaron a una feria y lo vendieron como esclavo. Lo compró un hombre poderoso llamado Putifar, al que sirvió fielmente. José llegó a ser capataz de los servidores de su amo. Pero la mujer de Putifar quiso engañar a su marido con José. Como José no accedió a sus pedidos, ella, despechada, lo denunció falsamente, y logró que Putifar encarcele a José. En la cárcel leyó e interpretó los sueños del panadero del Faraón, que también estaba preso.

Una noche, el Faraón de Egipto tuvo dos sueños muy extraños. En uno de ellos vio siete vacas gordas que salían de un río y comían pasto en la orilla. Después salieron del agua siete vacas flacas y sarnosas que se comieron a las vacas gordas. En el otro vio siete espigas con muchos granos que eran devoradas por otras siete, apestadas y vacías de granos. El Faraón se asustó por sus sueños y empezó a buscar a alguien que supiera interpretarlos. Su panadero, que ya estaba libre, le comunicó la habilidad que tenía José para interpretar sueños y el Faraón lo mandó llamar.

José le explicó al rey: "Los dos sueños indican lo mismo. Pronto vendrán siete años de prosperidad y abundancia. Pero después habrá otros siete de miseria. Por la sequía se morirá el ganado y se perderán las cosechas".

"¡Entonces nos moriremos de hambre!", exclamó el Faraón muy afligido.

"No es así", contestó José. "Puede usted construir grandes galpones para guardar el trigo en los tiempos de abundancia y, cuando llegue la escasez, distribuir lo ahorrado hasta que mejoren las cosas".

"Es una buena idea", dijo el Faraón. "Ya que has demostrado ser tan talentoso, te encargarás de la construcción y el ahorro. Para que puedas hacerlo, te nombro Primer Ministro".

Todo sucedió como lo había anticipado José y nadie pasó hambre gracias a su plan.

De esta forma, José llegó a ser un personaje muy poderoso en Egipto, querido por el pueblo y admirado por el Faraón.

Una tarde llegó a Egipto una caravana para comprar trigo, porque la sequía había afectado a todas las regiones. Venían de Canaán. José los reconoció de inmediato: eran sus hermanos. Pero ellos no lo reconocieron a José, había cambiado mucho su aspecto y vestía traje de Primer Ministro. Estaban todos sus hermanos, menos el menor, Benjamín, que se había quedado con Jacob.

José los preocupó diciéndoles que sospechaba que eran espías. Ellos, aterrorizados, lo negaban y repetían alabanzas a la figura del Primer Ministro, que no reconocían como a su hermano José.

Después les ordenó que trajeran a su hermano menor, Benjamín. Al verlo, José se puso muy feliz y les ofreció un banquete a todos, pero siguió sin identificarse. Durante la comida hizo esconder una copa de plata en el equipaje de Benjamín y, cuando la descubrieron, fingió enojarse y ordenó que lo detuvieran. Los hermanos suplicaron por él, jurando que era inocente. José, al verlos tan desesperados, comprobó que, con el tiempo, sus hermanos habían ablandado su corazón. Fue entonces cuando les dijo quién era y el encuentro se convirtió en una fiesta. Todos se abrazaron con gran alegría.

José dispuso que trajeran desde Canaán a Jacob y la fiesta continuó una semana.

La familia se quedó en Egipto, protegida por José.

Moisés

Algunos siglos después subió al trono de Egipto un nuevo Faraón que no había conocido a José ni a sus hermanos. El Hebreo era un pueblo en el que nacían muchos niños. Este Faraón los consideraba extraños y no los quería. Para que no siguiera aumentando la población hebrea, decidió que se matara a todos los niños recién nacidos y se dejara con vida a las niñas.

Una mujer dio a luz un niño muy hermoso y lo tuvo escondido tres meses, ya que no se resignaba a cumplir con la orden del Faraón. Como no podía tenerlo escondido por más tiempo, tomó una canasta de mimbre, le cubrió con barro los agujeros, colocó en ella a la criatura y la depositó entre los juncos, a la orilla del río Nilo. Una hermana del niño observaba la escena a distancia para ver a dónde llegaba la canasta.

La hija del Faraón acostumbraba bañarse en el Nilo, mientras sus criadas la seguían por la orilla. Al descubrir la canasta entre los juncos, mandó a la criada a recogerla. La abrió, miró dentro y encontró un niño llorando. Conmovida, comentó: "Es un niño de los hebreos". Entonces, la hermana del niño dijo a la hija del Faraón: "¿Quieres que vaya a buscar una nodriza hebrea que te críe al niño?".

"Sí. Anda", respondió la hija del faraón.

La muchacha fue y llamó a la madre del niño. La hija del Faraón le dijo: "Llévate a este niño y críamelo, yo te pagaré".

La mujer tomó al niño y lo crió. Cuando creció el muchacho, se lo llevó a la hija del Faraón, que lo adoptó como hijo y lo llamó Moisés, que significa "Lo he sacado de las aguas".

Pasaron los años y Moisés se convirtió en un muchacho. Si bien había sido educado como un príncipe egipcio, conocía sus orígenes hebreos, por eso cuando vio un día a un egipcio golpear a un hebreo, se enfureció y lo mató, enterrando su cuerpo para que nadie se enterara. Pero el Faraón lo descubrió y lo condenó a muerte. Moisés huyó y se fue a Madián. Allí se sentó junto a un pozo de agua donde vio a las hijas de un sacerdote de Madián, que solían ir allí a sacar agua para el ganado. Pero antes de que pudieran hacer este trabajo, llegaron unos pastores e intentaron echarlas. Entonces Moisés se levantó, defendió a las muchachas y las ayudó con sus tareas. Tiempo después se casaba con una de ellas, llamada Seforá.

La vocación de Moisés

Moisés cuidaba las ovejas de su suegro, cuando vio una llama entre las plantas, que ardían sin consumirse. Moisés dijo: "Voy a acercarme a mirar este espectáculo tan admirable: ¿cómo es que no se queman las plantas?".

Viendo el Señor que Moisés se acercaba a mirar, lo llamó desde las plantas: "Moisés, Moisés. Aquí estoy", dijo Dios, "no te acerques, quítate las sandalias, porque el sitio que pisas es terreno sagrado. Yo soy el Dios de tu padre, el Dios de Abraham, el Dios de Isaac, el Dios de Jacob".

Moisés se tapó la cara temeroso de mirar a Dios. El Señor le dijo: "He visto la opresión de mi pueblo en Egipto y he escuchado sus gritos de dolor cuando los maltratan. Tú tienes que sacar de Egipto a los israelitas".

Moisés replicó: "¿Quién soy yo para sacar a los israelitas de Egipto?".

"Yo estoy contigo", le dijo Dios.

Moisés replicó: "¿Y si no me creen ni me hacen caso, y dicen que no se me ha aparecido el Señor?".

El Señor le preguntó: "¿Qué tienes en la mano?".

"Un bastón", dijo Moisés. Dios le pidió que lo tire al suelo. Así lo hizo y se convirtió en serpiente, al verla Moisés se asustó, pero Dios le dijo: "No temas, tómala por la cola". Al hacerlo, la serpiente se volvió a convertir en bastón.

Así fue que Moisés pidió al Faraón que dejara marchar al pueblo hebreo. Convirtió su bastón en culebra para demostrarle que se había reunido con Dios. Entonces el Faraón llamó a sus sabios y a los magos de Egipto, para que hicieran lo mismo. Cada uno tiró su bastón, y se convirtieron en culebras, pero el bastón de Moisés tragó a los otros. El Faraón se puso terco y no quiso escuchar el pedido, ni creyó en las diez plagas que le había anunciado el Señor que sufriría Egipto, si no accedía a su petición.

Las plagas azotaron el país. Primero el agua del Nilo se convirtió en sangre, los peces murieron y no tenían agua para beber. Luego invadieron ranas todo el territorio y más tarde una nube de mosquitos se precipitó sobre hombres y animales, y también una inmensa cantidad de moscas. Posteriormente se desató una peste maligna que acabó con todo el ganado del campo. Después tomó un puñado de hollín del horno y al hacerlo volar hacia el cielo provocó úlceras y llagas en los hombres. Como el Faraón no dejaba todavía libre al pueblo hebreo, después de seis plagas, hizo caer granizo en todo el territorio egipcio, sobre hombres, animales y plantas, y más tarde envío la octava plaga, las langostas, que devoraron todos los frutos de la tierra. Luego Moisés extendió su mano hacia el cielo y se extendió sobre el territorio de Egipto una oscuridad palpable, que no permitía ver nada. Esto duró tres días. En la última plaga Dios le dijo que morirían todos los hijos primogénitos de los egipcios. Para que se distinguiera quiénes eran los hijos de los hebreos, éstos deberían marcar las puertas de sus casas con una cruz pintada con sangre de cordero y así la muerte pasaría de largo. A la medianoche murieron todos los primogénitos egipcios.

Fue entonces que el Faraón decidió dejar libres a los hebreos.

El paso del Mar Rojo y el maná

Partieron por fin los hebreos, cocieron panes sin levadura por la prisa y nos les alcanzó el tiempo para llevar ninguna otra comida. Fueron caminando por el desierto hacia el Mar Rojo.

El Señor caminaba delante de ellos guiándolos de día con una columna de nubes, y de noche con una columna de fuego, para alumbrarles.

El Faraón cambió de parecer, ya que se dio cuenta de que no tendría a los hebreos para trabajar para él. Hizo preparar su ejército para perseguirlos.

Los hebreos los vieron acercarse y se asustaron.

Moisés le dijo al pueblo: "No tengan miedo; estemos firmes y veremos la victoria que el Señor nos va a conceder hoy. El Señor peleará con nosotros".

Dios pasó detrás de ellos en forma de nube para distraer a los egipcios y le dijo a Moisés: "Tú alza el bastón y extiende la mano sobre el mar, y se abrirá en dos, de modo que los israelitas puedan pasarlo a pie". Los hebreos entraron en el mar que formaba una especie de muralla a ambos lados.

Los egipcios, persiguiéndolos, corrieron detrás de ellos por el lecho del mar con los caballos del Faraón, sus carros y sus jinetes. Cuando los hebreos alcanzaron la otra orilla Moisés volvió a alzar su bastón sobre el mar y las aguas cayeron sobre los egipcios. Los hebreos vieron el prodigioso golpe que Dios había dado a los egipcios, le temieron, pero también confiaron. Entonces le cantaron a Dios "Él es mi Dios y lo alabaré, Él es mi fortaleza y mi salvación".

Así llegaron al desierto de Sinaí y sufrieron hambre y sed, por lo que se quejaron amargamente. El Señor le dijo a Moisés: "He oído las protestas de los israelitas. Diles que van a comer carne y pan por las mañanas. Cada mañana, cada uno recibirá lo que va a comer".

Así fue que Dios proporcionó una comida inesperada, el maná. Cada mañana alrededor del campamento, había una capa de rocío que al evaporarse dejaba sobre el suelo unos pequeños granos que luego molían para hacer harina y convertirla en pan, por eso Dios lo llamó el pan del cielo. También, les envió numerosas aves que cayeron del cielo. Pero, seguían reclamando porque tenían sed, Moisés no sabía qué hacer y fue cuando Dios habló y le dijo: "Ve hacia las rocas con algunas personas y lleva también tu bastón. Yo estaré allí. Golpearás una roca y de ella saldrá agua y el pueblo tendrá para beber".

Estas son las pruebas que Dios les dio a los hebreos para que entendieran que en los caminos más difíciles Él los ayudaría y no los abandonaría.

Los diez mandamientos

Los hebreos acamparon frente a una montaña en el desierto de Sinaí. Moisés subió para encontrarse con Dios. Él le dijo: "Explícales a los hijos de Israel que deben escucharme y respetarme y así los tendré siempre bajo mi protección, y haré de ustedes una nación santa". Moisés bajó y le contó al pueblo lo que Dios le había dicho. El pueblo contestó : "Haremos todo lo que Dios ha mandado". Volvió a subir Moisés a la montaña y el Señor volvió a hablar: "Yo vendré en forma de una nube espesa, para que el pueblo pueda escuchar cómo hablo contigo y tenga siempre confianza en ti". Hubo truenos y relámpagos en la montaña, y desde una nube espesa salió el sonido de una trompeta que sopló tan fuertemente que todas las personas temblaron. Entonces el Señor, cubierto de fuego, descendió en la montaña, y ésta se estremeció.

El Señor llamó a Moisés a la cima de la montaña y le dijo: "Yo soy el Señor, tu Dios, que te sacó de la tierra de Egipto y de la esclavitud". Y el Señor enunció sus Diez Mandamientos, que Moisés escribió en tablas de piedra:

1. Amarás a Dios sobre todas las cosas.
2. No tomarás el nombre de Dios en vano.
3. Santificarás las fiestas.
4. Honrarás a tu padre y a tu madre.
5. No matarás.
6. No cometerás actos impuros.
7. No robarás.
8. No mentirás.
9. No consentirás pensamientos ni deseos impuros.
10. No codiciarás los bienes ajenos.

El Señor le ordenó a Moisés que construyera el arca de la Alianza, un arca de madera y oro para guardar las tablas de los Diez Mandamientos. Y así lo hizo.

David y Goliat

Los filisteos atacaron otra vez al pueblo de Israel y el rey Saúl con su ejército los enfrentó. Construyeron sus campamentos muy cerca uno del otro, mientras esperaban el momento para entrar en batalla. Entre las carpas de los filisteos y los judíos se extendía un campo extenso.

En las filas de lo filisteos había un soldado gigante y muy fuerte que se llamaba Goliat. Tenía una voz poderosa como el rugido de un león y brazos gruesos como troncos de árbol. Usaba una pesada lanza, una espada de dos filos y una maza enorme con una bola de metal llena de puntas. Todos los días Goliat aparecía en el descampado que separaba los campamentos y desafiaba a los judíos a pelear. Los insultaba, diciéndoles que si no aceptaban su reto eran unos cobardes.

Hasta que llegó David al campamento, un muchachito señalado por el Señor como el futuro rey de Israel. Lo vio al gigante, escuchó sus insultos y advirtió que también blasfemaba contra Dios. Entonces decidió enfrentarlo. Al verlo tan decidido le trajeron armas, un casco y una coraza. David se negó a usarlos, diciendo que le bastaba con su honda de pastor.

Cuando Goliat vio a David soltó una carcajada. "No te rías, defiéndete porque te voy a matar", dijo éste. Entonces Goliat quiso asustarlo con un rugido y levantó su lanza para arrojarla contra el pequeño. David colocó una piedra en la honda y empezó a revolearla. Un profundo silencio reinaba en los dos campamentos. Goliat apuntó bien para no errar el lanzazo. David aseguró el tiro. Y antes de que volara la lanza partió la piedra y le dio de pleno en la cabeza al gigante. Goliat se derrumbó y David corrió hasta su rival caído. Tomó la espada de Goliat y le cortó la cabeza. Los filisteos, al ver esto, huyeron. Los judíos levantaron a David en andas y lo transformaron en un guerrero. Las tropas que él comandaba obtuvieron más triunfos que las que comandaba Saúl, que comenzó a sufrir terribles celos. Empezó a sospechar que el futuro rey sería David. Al darse cuenta de esto, David abandonó el palacio y se escondió en las montañas. Saúl lo buscó para matarlo. Y aunque David tuvo muchas oportunidades para matar a Saúl, nunca quiso hacerlo porque era fiel a su rey. Los judíos se pusieron de parte de David y no veían el momento de que ocupara el trono. Pero David mantenía su fidelidad al rey.

Por fin, en un combate contra los filisteos murieron Saúl y su hijo Jonatán. David los lloró desconsoladamente. Los judíos lo proclamaron rey, le dieron la corona y el cetro, sentándolo en el trono de Israel.

Fue un rey estupendo, ganó numerosas batallas y administró su país con prudencia.

La sabiduría de Salomón

Cuando murió David, ya muy anciano, su hijo Salomón fue proclamado rey.

Una noche, en sueños, Dios le ofreció concederle cualquier deseo que pidiera: oro y piedras preciosas, otros reinos, barcos y caballos, salud y vida prolongada, triunfos sobre sus enemigos. Pero Salomón no eligió nada de eso, sino que pidió sabiduría y prudencia para gobernar bien. A Dios le gustó este pedido y, además, le concedió salud, éxitos y riquezas.

Estaba un día Salomón sentado en su tribunal, resolviendo los pleitos de sus súbditos, cuando llegaron llorando dos mujeres que habían estado peleando. Traían en brazos a dos niños de dos meses, uno vivo y otro muerto. Las dos juraban que el chico vivo era el propio y que el muerto era de la otra.

Salomón pensó un rato y le ordenó a un soldado que tomara al niño vivo y lo partiera en dos con su espada, para poder darle medio chico a cada mujer. Una de las mujeres aceptó la solución, pero la otra, desesperada, comenzó a gritar: "¡No hagas eso! prefiero entregar a mi hijo a una mentirosa antes que verlo morir".

Salomón le dijo entonces al soldado: "¡Detente! Que le den el niño vivo a esta mujer, porque es la madre". Y todos quedaron admirados por su inteligencia.

Jonás en el vientre de la ballena

Dios ordenó a Jonás que marchara a la ciudad de Nínive y que les avisara a sus pobladores que, si seguían pecando, serían castigados. Jonás tuvo miedo y se dijo: "Si les doy ese aviso a los ninivitas me van a matar. Además, no sé por qué tengo que hacerles un favor siendo extranjero. Mejor no voy. Huiré y me ocultaré de Dios hasta que se olvide de semejante pedido".

Jonás llegó a la orilla del mar y partió en un barco que estaba levando anclas. Una tormenta hizo que la nave se hundiera. El capitán sospechó que la presencia de Jonás en su nave era la causa de la mala suerte y ordenó que lo tiraran al agua. Lo arrojaron por la borda y la tormenta se calmó enseguida.

Jonás no sabía nadar y estaba por ahogarse, cuando una ballena lo tragó. Tres días pasó Jonás en su vientre, hasta que se arrimó a la costa y lo vomitó cerca de la ciudad de Nínive. Jonás comprendió que lo que le había pasado no era una casualidad y que debía cumplir la tarea que Dios le había encomendado.

Atravesó la ciudad de una punta a la otra, gritando que se corrigieran, que hicieran penitencia, porque sino Dios los iba a castigar. Los ninivitas, con el rey a la cabeza, atendieron el aviso de Jonás, se arrepintieron de sus pecados y Dios los perdonó.

NUEVO TESTAMENTO

María y José

En Nazaret, un pueblo de Israel con casas blancas y palmeras, vivían María y José. María había prometido a Dios mantenerse virgen. José respetaba sus votos. Un día, mientras María estaba rezando en su cuarto, todo se inundó de luz y el ángel Gabriel se presentó. María se sorprendió y el ángel la saludó con estas palabras: "Dios te salve, llena de gracia, el Señor es contigo".

Al notar su inquietud, trató de tranquilizarla: "No tengas miedo, María". Y de inmediato, le hizo saber que ella sería la madre del Hijo de Dios, del Salvador, que nacería de la descendencia de Abraham.

María respondió: "He aquí la esclava del Señor, hágase en mí según tu palabra". Y con su consentimiento hizo posible la Redención.

Tiempo después, María viajó para ayudar a su prima Isabel junto a José. Cuando llegaron, Isabel exclamó: "¡Bendita tú eres entre todas las mujeres y bendito es el fruto de tu vientre!".

María respondió: "Mi alma engrandece al Señor y está llena de alegría, porque Dios ha mirado mi humildad y por eso me llamaron bienaventurada todas las generaciones".

María se quedó para ayudar a Isabel que también estaba embarazada, hasta que nació su sobrino, un niño al que llamaron Juan.

Jesús

Cesar Augusto gobernaba el Imperio romano y ordenó que todos sus habitantes se establecieran en la ciudad originaria de sus familias. Como María y José descendían del rey David, les correspondía empadronarse en la ciudad de Belén. Hacia allí fueron los dos a cumplir con la ley, aunque el hijo que esperaba María ya estaba por nacer. José iba a pie y María en burro. Cuando llegaron a Belén, descubrieron que no había lugar para ellos. Buscaron alojamiento en casas de sus parientes, pero nadie los recibió. La noche se acercaba y María sabía que su hijo ya llegaba. José se dirigió a un pesebre construido de piedras y maderas, en las afueras del pueblo, donde se refugiaba el ganado, espantó a los animales, dejando adentro sólo al burro y a un buey manso, que estaba echado y no molestaba. Limpió todo, barrió el piso con una rama, y colocó paja fresca en un pesebre, para poder transformarlo en una cuna. Después prendió una fogata para combatir el frío. Hacia la medianoche nació el Niño.

La expectativa se transformó en alegría. El hijo de Dios había llegado a la Tierra. El Salvador prometido iniciaba su obra redentora, aunque eran muy pocos los que lo sabían.

María tomó al Niño, lo envolvió en humildes paños y lo puso en el pesebre, sobre la paja fresca preparada por José. El Niño Dios sonrió por primera vez.

La noche se iluminó de golpe y un ángel se les presentó a los pastores diciéndoles: "Les vengo a dar una gran noticia: ha nacido el Salvador en Belén y lo encontrarán envuelto en pañales, acostado en un pesebre".

Un ejército de ángeles cubrió el cielo y con voces celestiales cantaban: "¡Gloria a Dios en las alturas y en la Tierra paz a los hombres de buena voluntad!".

Los pastores marcharon a Belén, hallaron el pesebre y en él al niño, María y José. Lo adoraron y le dieron los pocos regalos que podían ofrecerle: leche de cabra, miel, un vellón de lana blanca.

Al niño lo llamaron Jesús.

Los Reyes Magos

Hacia el naciente del País de Canaán se extendía la rica Mesopotamia y, más allá, los lejanos territorios de Persia. En aquella región vivían tres reyes de pequeños reinos. Entre muchas otras actividades y saberes, los tres se destacaban por sus amplios conocimientos en dos disciplinas: la Astronomía y la Astrología. Cada noche, observaban con sus lentes la profundidad del cielo de Oriente en busca de nuevos astros, estrellas y fenómenos de todo tipo. También sabían descifrar los códigos de las antiguas tablas de los magos de Asiria y de Caldea. Por eso se los conocía como los tres Reyes Magos.

Lo cierto es que estudiaban mucho y leían todo lo que llegara a su alcance. Entre tantas lecturas, se habían interesado en los Libros Sagrados del pueblo de Israel. En ellos habían leído acerca de adorar al Dios único, y conocían que aquel pueblo esperaba la llegada del Mesías. Además, sabían que una señal en el cielo anunciaría el nacimiento del Hijo de Dios hecho hombre. De modo que noche tras noche buscaban esa señal, apuntando sus lentes hacia las brillantes constelaciones del Universo.

Aunque sus reinos no fueran vecinos y acaso ni siquiera se conocieran entre ellos, los tres Reyes Magos descubrieron al mismo tiempo una magnífica estrella, luminosa, nítida, que apareció en su campo visual súbitamente. No era una estrella cualquiera, era la más hermosa y grande de todas, y su brillo teñía de un azul intenso las tierras más allá del horizonte. Ante la visión de tamaño espectáculo, los Reyes Magos no dudaron: ésa era la señal que esperaban, en Judea había nacido un nuevo rey. No se trataba, tampoco, de un rey cualquiera: era nada menos que el Rey de todos los reyes quien había nacido en aquella lejana tierra.

Casi de inmediato los tres se pusieron en marcha para saludar al Redentor que nacería. Antes de salir, cada uno de ellos eligió un regalo muy especial para ofrecerle. Cargaron sus camellos y emprendieron el viaje detrás de la estrella que los guiaba. Lo hizo cada uno por su lado, hasta que los tres se encontraron en un cruce de caminos y desde allí continuaron viaje juntos. Sus nombres eran Melchor, Gaspar y Baltasar.

Tras largos días de marcha, al acercarse a Jerusalén comenzaron a preguntar por el Niño Rey de los Judíos. Nadie parecía estar enterado del acontecimiento. Sin embargo, su presencia en esas tierras no pasó desapercibida para el rey Herodes, quien no veía con buenos ojos que tan importantes personas se encontraran en sus dominios y preguntaran por un rey que no era él. Herodes se sobresaltó, temiendo que otro viniera a robarle el trono. Por eso consultó a los sabios lectores de la Escritura para poder responder a los Magos. "Nacerá en Belén -les hizo saber- vayan para allá; una vez que hayan encontrado al futuro Rey de Israel, avísenme así yo también iré a adorarlo". Los Magos le agradecieron por la información, sin darse cuenta de sus malas intenciones; en realidad, Herodes quería encontrar al Niño para matarlo y eliminar así a quien podía ser su competidor.

Al salir de Jerusalén, los Magos volvieron a ver la estrella brillando en lo alto. Emprendieron la marcha nuevamente, detrás de su guía. La siguieron hasta Belén, en donde la estrella se detuvo, brillando con su majestuosa luz sobre modesta casa en las afueras del pueblo.

Jesús, María y José ya habían abandonado la gruta del nacimiento y ocupaban ese sitio. Vivían en extrema pobreza, rodeados de animales y con apenas lo poco indispensable para alimentar al pequeño. No había trono, ni riquezas, ni tampoco un gran banquete; era un lugar en donde nadie hubiera creído que vivía un rey. Sin embargo, los Reyes Magos llegaron hasta esa casa y, apenas vieron al Niño, se arrodillaron emocionados ante Él y le entregaron los regalos. Uno le dio incienso, reconociéndolo como Dios, pues simboliza la adoración. Otro le dio oro, reconociéndolo como rey y representando al amor de buena ley. El tercero le dio mirra, una planta amarga que se usaba para embalsamar a los muertos, reconociéndolo como hombre. Luego decidieron permanecer durante esa noche en Belén, para retornar a sus reinos al día siguiente.

Esa misma noche, mientras dormían, un ángel apareció ante los visitantes y les dijo que no debían regresar al palacio de Herodes para darle información sobre el Niño. De modo que, cumplida su misión de honrar al Niño, los tres Reyes Magos regresaron a sus tierras por un camino distinto, para evitar pasar otra vez por Jerusalén.

La huida a Egipto

Cuando Herodes descubrió que los Reyes Magos lo habían engañado, ordenó matar a todos los niños que tuvieran menos de dos años, nacidos en Belén y sus alrededores. Suponía que de esa manera asesinaría al futuro Rey de Israel, asegurándose así su permanencia en el trono. Esos niños asesinados por Herodes son los Santos Inocentes.

Antes de que llegaran los soldados del cruel rey a Belén, José dormía junto a María y el Niño. En sueños, un ángel le dijo: "José, toma al niño y a su Madre y huye a Egipto, porque Herodes busca a Jesús para matarlo".

José, sin esperar que aclarara, despertó a María, acomodó el equipaje, ensilló su burro y partió. Tomó un camino poco transitado para desorientar a los soldados. En todo el trayecto no existían lugares para guarecerse y tuvo que luchar con fieras y ladrones. Con el alma en un hilo avanzaban los tres viajeros, al tranco parejo del burro. José pensaba: "Dios me ha confiado la custodia de su Hijo. Debo hacer todo lo posible para cuidarlo, como un buen padre de familia".

Cada vez que oía algún galope, José se apartaba de la ruta, escondiéndose con su familia y el burro entre las piedras y los matorrales. Fueron asaltados por una banda de ladrones y en la guarida de éstos, María curó al hijo del jefe, que estaba enfermo y que más tarde llegaría a ser Dimas, el Buen Ladrón, que moriría junto a Jesús.

Por fin cruzaron la frontera y pudieron utilizar el camino real para llegar a Egipto.

Jesús en Nazaret

Jesús a los doce años era un niño fuerte y observador que tenía muchos amigos en el pueblo. Al aproximarse la Pascua se encaminó con su familia hacia Jerusalén, en una larga caravana. Parientes y amigos viajaban con él, charlando y compartiendo las provisiones que llevaban. Llegaron a la ciudad, fueron al templo y a los pocos días regresaron. María y José marchaban con los mayores, comentando las novedades de su estadía en Jerusalén. Pensaban que el niño estaba con los demás muchachos, en la retaguardia de la caravana. Al caer la noche acamparon y descubrieron que Jesús no estaba. Desesperados, regresaron a Jerusalén al amanecer. Caminaban acelerando el paso, con el corazón en la boca. Caía la tarde cuando entraron de nuevo a la ciudad. Se dirigieron a la casa que habían ocupado. Recorrieron calles y plazas y no lo encontraron. Pasó ese día y la noche siguiente. María y José no dormían y apenas comían. Resolvieron por fin recorrer cuidadosamente el templo. Allí se arremolinaba la gente, trajinaban los sacerdotes, mugían y balaban los animales destinados al sacrificio. Los cambistas ofrecían monedas murmurando cotizaciones por lo bajo. Y, al abrigo de un pórtico, observaron una reunión de gente tranquila, que hablaba con mucha paz. Se acercaron a ella. Doctores y ancianos componían el grupo, hombres sabios de Israel. Muchos curiosos los rodeaban, escuchando lo que allí se decía. Y, ocupando un lugar destacado entre los presentes, el Niño Jesús hacía preguntas y contestaba las que le dirigían los doctores y ancianos. Todos estaban asombrados por su inteligencia y conocimientos. María se abrió paso entre la concurrencia, preguntándole: "Hijo ¿Por qué nos has hecho esto? Te hemos buscado durante tres días".

Y contesto Jesús: "¿Por qué me buscaban? ¿No sabían que tengo que ocuparme de las cosas de mi padre?". Jesús se refería a Dios, su padre del cielo. Pero María y José no entendieron bien la respuesta. Enseguida Jesús se les unió, volviendo a Nazaret donde llevaron una vida normal.

El tiempo pasó y Jesús fue cada vez más sabio. Ya no era un niño sino un hombre de buena presencia, con una mirada difícil de olvidar, cara tostada por el sol, fortalecidos los brazos en el trabajo manual, que hablaba con el acento propio de la gente de Galilea. En la casa nada sobraba, pero tampoco faltaba lo necesario. Reinaba allí una armonía completa, bajo la autoridad de José. Padre e Hijo conversaban apaciblemente en las noches largas del invierno, frente al fuego. Recordaban la dilatada historia del pueblo de Israel y comentaban hechos de la vida cotidiana. Tenían buena relación con sus vecinos, concurrían a las celebraciones sociales de parientes y amigos, y festejaban abriendo las puertas de su casa.

El Espíritu Santo

Juan, el hijo de Isabel, tuvo por misión anunciar la llegada del Mesías.

Era un hombre tremendo, con una mirada de fuego y un vozarrón que hacía temblar las montañas. Desde joven vivió en el desierto, comiendo lagartijas y miel de avispas. Se vestía con pieles de camello y andaba descalzo.

Jesús permanecía aún en su casa de Nazaret y Juan ya había empezado a reunir multitudes a la orilla del río Jordán, anunciando al pueblo que el Salvador estaba entre ellos. Y bautizaba con agua del río a todos los que se acercaban.

Un día, desde la muchedumbre se adelantó un hombre pidiendo ser bautizado: era Jesús. Juan tuvo una gran emoción, ya que reconoció en él al Redentor. Y temblándole el pulso, lo bautizó. No bien lo hizo, se oyó una voz del cielo que decía: "Éste es mi Hijo muy querido". Y el Espíritu Santo bajó sobre Jesús, en forma de paloma.

En esa escena se hizo presente la Santísima Trinidad: el Padre que habló, el Hijo recién bautizado y el Espíritu Santo, que descendió sobre Él, aleteando.

Los doce apóstoles

Una tarde estaba Juan el Bautista con dos amigos, un joven también llamado Juan y Andrés. A lo lejos vieron a Jesús que pasaba. Dijo el Bautista: "Ahí va el Mesías".

Juan y Andrés siguieron a Jesús, quedándose con él todo el resto del día. Andrés encontró a su hermano Simón y le dijo : "Hemos encontrado al Mesías, ven a conocerlo". Y allá fueron los dos. Jesús miró fijamente a Simón y anunció: "Tú eres Simón. Pero desde hoy te llamarás Pedro".

Pedro quiere decir "piedra". Y al darle ese nombre, Jesús quería decir que Pedro, el primer Papa, se transformaría en la roca sobre la cual se asentaría su Iglesia.

Felipe, un paisano de Andrés y Pedro, se agregó al grupo al día siguiente, y trajo a Natanaél, un hombre importante, natural de Canaá, que se llamaría Bartolomé.

A ellos se irían sumando Santiago, Tomás, Mateo, otro Santiago, Simón, Judas Tadeo y Judas Iscariote.

La mayoría eran pescadores de oficio, que ahora saldrían a pescar almas. Juan y Santiago eran primos de Jesús. Mateo era rico y trabajaba como recaudador de impuestos de los romanos.

Estaban elegidos los doce apóstoles.

El sermón de la montaña

La gente rodeaba a Jesús pendiente de sus palabras. A los que no alcanzaban a oírlo bien, los discípulos les repetían el sermón pausadamente. Decía Jesús:

"Felices los pobres de espíritu, porque de ellos será el reino de los cielos.

Felices los que tienen hambre y sed de justicia, porque serán satisfechos.

Felices los que lloran, porque se van a reír a carcajadas.

Felices los mansos, porque poseerán la tierra.

Felices los compasivos, porque tendrán compasión de ellos.

Felices los limpios de corazón, porque verán a Dios.

Felices los perseguidos injustamente, porque alcanzarán el cielo".

Jesús y los niños

Un conjunto de personas escuchaba las enseñanzas de Jesús, mientras un grupo de niños quería acercarse. Los discípulos no se lo permitían, para que no interrumpieran la palabra del Señor con sus gritos.

Cuando Jesús se dio cuenta, dijo: "Dejen que los niños vengan a Mí. Porque el que no tiene la sencillez de un niño no entrará en el Reino de los Cielos".

Los niños se acercaron y Jesús jugó con ellos.

LAS PARÁBOLAS

Jesús contaba historias para dar a conocer sus ideas sobre la vida. Esas narraciones se llamaban parábolas.

Parábola del Buen Samaritano

Un viajero iba en su carro por un sendero solitario. De repente lo atacó una banda de ladrones, que le pegó y le robó todo lo que llevaba, dejándolo herido y tirado al costado del camino.

Pasó por allí un religioso en su carroza, vio al viajero tumbado pero, como estaba apurado, no se detuvo.

Pasó después un hombre elegante en su caballo, vio al viajero tumbado, pero no quiso comprometerse y tampoco se detuvo.

Pasó, por último, un hombre de la ciudad de Samaría en su burro que lo ayudó a levantarse, lavó sus heridas con aceite y vino y lo vendó. Luego lo llevó a una posada y lo cuidó toda la noche. Al día siguiente, el samaritano le pagó al encargado de la posada y antes de irse le recomendó: "Cuídalo bien. Si el dinero no alcanza, cuando regrese te pagaré lo que falte".

Concluida la parábola, preguntó Jesús: "¿Cuál de esos hombres les parece que actuó con el viajero herido como corresponde actuar con el prójimo?".

Parábola del Sembrador

El sembrador esparció las semillas generosamente. Algunos granos cayeron en la huella, vinieron los pájaros y se los comieron. Otros cayeron en medio de unas toscas y brotaron pero, como no podían echar raíces, las plantas se secaron. Algunas cayeron entre los abrojos y no pudieron crecer. Y, finalmente, hubo granos que cayeron en buena tierra y dieron muchas espigas, permitiendo una buena cosecha.

Al terminar la parábola Jesús aclaró: "La semilla es la palabra de Dios que siembro. La que cae en el camino es aquella que reciben hombres indiferentes y la olvidan de inmediato. La que cae entre las toscas se refiere a gente que la recibe bien dispuesta pero que, frívola e inconstante, deja de lado mis enseñanzas. La que cae en medio de los abrojos simboliza a otros que la oyen y empiezan a ponerla en práctica, pero se dejan encandilar por la ambición, terminando por menospreciarla. La buena tierra es figura de los que oyen mi palabra, reforman sus vidas y dan fruto, unos más y otros menos".

Jesús en Jerusalén

Jesús era cada vez más popular, se reunían multitudes para escuchar su palabra y se conmocionaban las poblaciones a su paso, cuando sanaba a los enfermos, liberaba a los endemoniados y consolaba a los afligidos.

Se aproximaba la Pascua judía y el Mesías se dirigió a Jerusalén. A medida que avanzaba, la gente se reunía a los costados del camino y alababa su nombre. Alguno cortó una rama de olivo y la agitó como si fuera una bandera. Otros lo imitaron. Pronto, la ruta que Jesús seguía estuvo flanqueada de ramas de olivo y de palma, alzadas por las manos de hombres, mujeres y niños, que gritaban entusiasmados: "¡Viva el Rey de los judíos! ¡Bendito el que viene de parte de Dios!".

El pueblo pensaba ungirlo rey, para que lo liberara de los invasores romanos. Pero no era ésa la misión de Jesús.

Al bajar del Monte de los Olivos, ya cerca de la ciudad, le resultaba imposible avanzar entre la multitud enfervorizada. Jesús ordenó desatar un burro, lo montó y así entró a la ciudad.

Los fariseos y sus seguidores estaban indignados. Buscaban desesperadamente alguien que les entregara a Jesús, avisándoles con anticipación dónde podrían encontrarlo, para apresarlo sin alborotar al pueblo que lo seguía.

Judas Iscariote se ofreció para entregar al Señor por dinero. Le darían treinta monedas de plata si él ponía al Salvador en las manos de los fariseos. Judas buscó el momento oportuno para hacerlo. En la tarde del jueves anterior a la Pascua, Jesús comisionó a Pedro y a Juan para que organizaran la cena con la que los judíos empezaban a celebrar esa fiesta. Judas intentó enterarse dónde sería la cena para hacérselo saber a los fariseos. Pero no pudo saberlo, porque Jesús antes de darles sus instrucciones a Pedro y a Juan, les dijo: "Entren a la ciudad. Van a cruzarse con un hombre que lleva un balde. Síganlo hasta la casa donde él entre. Ahí le preguntan cuál es la sala donde el Señor festejará la Pascua con sus apóstoles. Les mostrará una pieza bien acomodada y en ella han de preparar ustedes la cena".

La última cena

Eran trece en la mesa: Jesús y sus doce apóstoles. Tenían todos la impresión de que algo grave iba a acontecer. Pese a eso, los apóstoles discutieron sobre cuál de ellos sería el más importante en el reino que Jesús fundaría en la Tierra. La discusión subió de tono, pero se cortó cuando vieron que el Señor se quitaba la túnica, se ceñía una toalla a la cintura y, tomando una fuente con agua, lavaba los pies a cada uno. Pedro se quiso resistir pero Jesús siguió con su tarea. Al concluir dijo: "Si yo, que soy Señor y Maestro, les he lavado los pies, también deben entre ustedes lavárselos unos a otros".

Se volvió a sentar Jesús y anunció: "Aquí hay uno que me va a traicionar".

Todos preguntaban: "¿Quién es, Señor? ¿Seré yo, por casualidad?"

Jesús contestó: "Al que yo le convide un pedazo de pan, ése es". Y le alcanzó una rodaja a Judas, que le respondió: "¿Acaso soy yo Maestro?".

"Tú mismo lo estás diciendo", dijo Jesús, "y ahora, puedes ir a hacer lo que piensas hacer". Judas se retiró, perdiéndose en la noche.

Entonces Jesús prosiguió: "Voy a estar muy poco tiempo más entre ustedes". Y les dejó un mandato nuevo: que se quisieran unos a otros como él los quería.

Preguntó Pedro: "Señor, ¿dónde vas?".

"A donde yo voy no me pueden seguir ustedes por ahora", respondió Jesús.

"¿Por qué no puedo seguirte? Yo daría mi vida por ti", dijo Pedro.

"¿Darías tu vida por mí?", preguntó Jesús, "antes de que el gallo haya cantado dos veces, tres veces me habrás negado".

Pedro, que era un hombre valiente y amaba a Jesús, se resistió a creer que lo negaría.

Siguió diciendo Jesús: "Yo soy como la parra y ustedes como los sarmientos. El sarmiento que permanece unido a la parra da muchas uvas. El que se separa de ella se seca y lo tiran al fuego. Ustedes son mis amigos. Pero no son ustedes los que me eligieron a mí sino yo a ustedes, para que den muchos frutos".

Luego les anunció que, después de haberse ido, mandaría el Espíritu Santo para que les abriera la razón y les alentara el corazón.

Tomó Jesús un pan, lo bendijo, lo partió, repartió entre los presentes cada trozo y dijo: "Éste es mi cuerpo". Luego bendijo el vino que había en una copa y agregó: "Ésta es mi sangre".

Cuando finalizó la cena, Jesús con los apóstoles se dirigieron hacia el Huerto de los Olivos, un lugar tranquilo que se encontraba sobre una loma, donde el Mesías rezaba bajo los árboles.

Judas conocía bien aquel lugar.

La traición de Judas

Los troncos y las hojas de los olivos se iluminaban con la luz de la luna. Jesús se apartó, llevando con él a Pedro, Juan y Santiago. Les pidió que lo acompañaran rezando y se alejó un poco más. Se veían luces entre los árboles y un griterío empezó a quebrar la paz del lugar: se acercaba un grupo de hombres al servicio de los fariseos, armados con espadas y palos, conducido por Judas, el traidor. Éste les había indicado: "El hombre que yo voy a besar es el que ustedes buscan".

Se acercó Judas a Jesús y diciéndole, "Salud, Maestro", lo besó. Los que venían con él se abalanzaron sobre el Salvador. Pedro sacó una espada y le cortó una oreja al hombre que atacaba a Jesús, que le dijo: "Guarda tu espada, Pedro. Si quisiera defenderme, le pediría a mi Padre que mandara doce regimientos de ángeles para protegerme. Pero, si hiciera eso ¿cómo se realizaría la redención?".

Y, dirigiéndose a los que venían a llevarlo, agregó: "Todos los días enseñaba en el Templo y nadie me detuvo. Ahora llegan con espadas y palos para atraparme como a un ladrón". Así se entregó, y todos los discípulos huyeron.

Todavía era de noche cuando llevaron a Jesús hasta la casa de Caifás, que era el más importante de los rabinos. Allí estaba reunido un tribunal para juzgar al Señor. Como ya tenían resuelto condenarlo, buscaron testigos falsos, pero éstos se contradecían y el juicio no avanzaba. Entonces Caifás le preguntó directamente: "¿Tú eres el Mesías, el Hijo de Dios?".

Contestó Jesús: "Yo soy. Y llegará el día en que me verán a la derecha de mi Padre sobre las nubes del cielo".

Caifás escandalizado, gritó con voz solemne: "Ha blasfemado y debe morir".

La crucifixión

El cortejo avanzaba por calles estrechas. Jesús estaba agotado. Había pasado la noche sin dormir, estaba desangrado por la flagelación, cubierto de heridas.

Cayó, vencido bajo el peso de la cruz. Lo obligaron a levantarse a golpes.

De pronto, advirtió la presencia de su madre entre la multitud. Se miraron a los ojos, en silencio, hasta que un soldado lo empujó para que siguiera avanzando.

Una mujer valiente eludió la vigilancia y con su manto limpió la sangre en el rostro de Jesús. Esa mujer se llamaba Verónica y su gesto mereció la gratitud del Hijo de Dios.

Dos veces más cayó Jesús.

Sus fuerzas lo abandonaban y los verdugos temieron que muriera en el camino. Detuvieron a un hombre que volvía de trabajar en el campo, Simón de Cirene, y lo obligaron a cargar con la cruz del Señor. Arrastró la cruz los últimos metros, hasta llegar a la cima del Monte Calvario. Una vez allí, desnudaron a Jesús y lo clavaron en la cruz, utilizando tres clavos. Con dos de ellos atravesaron sus muñecas; con el tercero, los pies. Luego, lo elevaron.

También crucificaron a dos ladrones, uno a su derecha y otro a su izquierda.

Eran las doce del día. Una extraña oscuridad cubrió el lugar.

Jesús quedó colgado de sus heridas entre el cielo y la tierra. Sobre su cabeza habían puesto un cartel que decía: “Cristo, rey de los judíos”. La gente se reía de Él.

Al pie de la cruz estaba María, su madre, de pie. También algunas mujeres y Juan, el apóstol preferido. Nadie más acompañaba al Redentor del mundo.

El ladrón crucificado a la izquierda maldecía al Señor porque no lo libraba del tormento que sufría. El crucificado a la derecha le señaló que Jesús ningún mal había hecho mientras ellos, en cambio, estaban pagando por sus crímenes. Después, dirigiéndose a Jesús les dijo: “Señor, acuérdate de mí cuando llegues a tu reino”. Jesús le contestó: “Hoy mismo estarás allí”.

Ya se iban a cumplir tres horas desde que Jesús fuera clavado en la cruz. Sólo el deseo de salvar al mundo lo mantenía con vida. Miró a su madre y, refiriéndose a Juan, le indicó: “Ahí esta tu hijo”. Y volviéndose a Juan, insistió: “Ahí esta tu Madre”.

Se acercaban las tres de la tarde.Jesús, solo y triste en los umbrales de la muerte, se dirigió a su Padre: “Padre mío ¿por qué me has abandonado?”.

Agregó después: “Tengo sed”.

Un soldado colocó una esponja en la punta de una caña, la empapó en vinagre rebajado con agua y la acercó a sus labios. Murmuró el Señor: “Todo está cumplido”. La redención estaba a punto de consumarse.

Jesús gritó: “Padre, en tus manos encomiendo mi espíritu”. Y, dejando caer la cabeza sobre el pecho, murió.

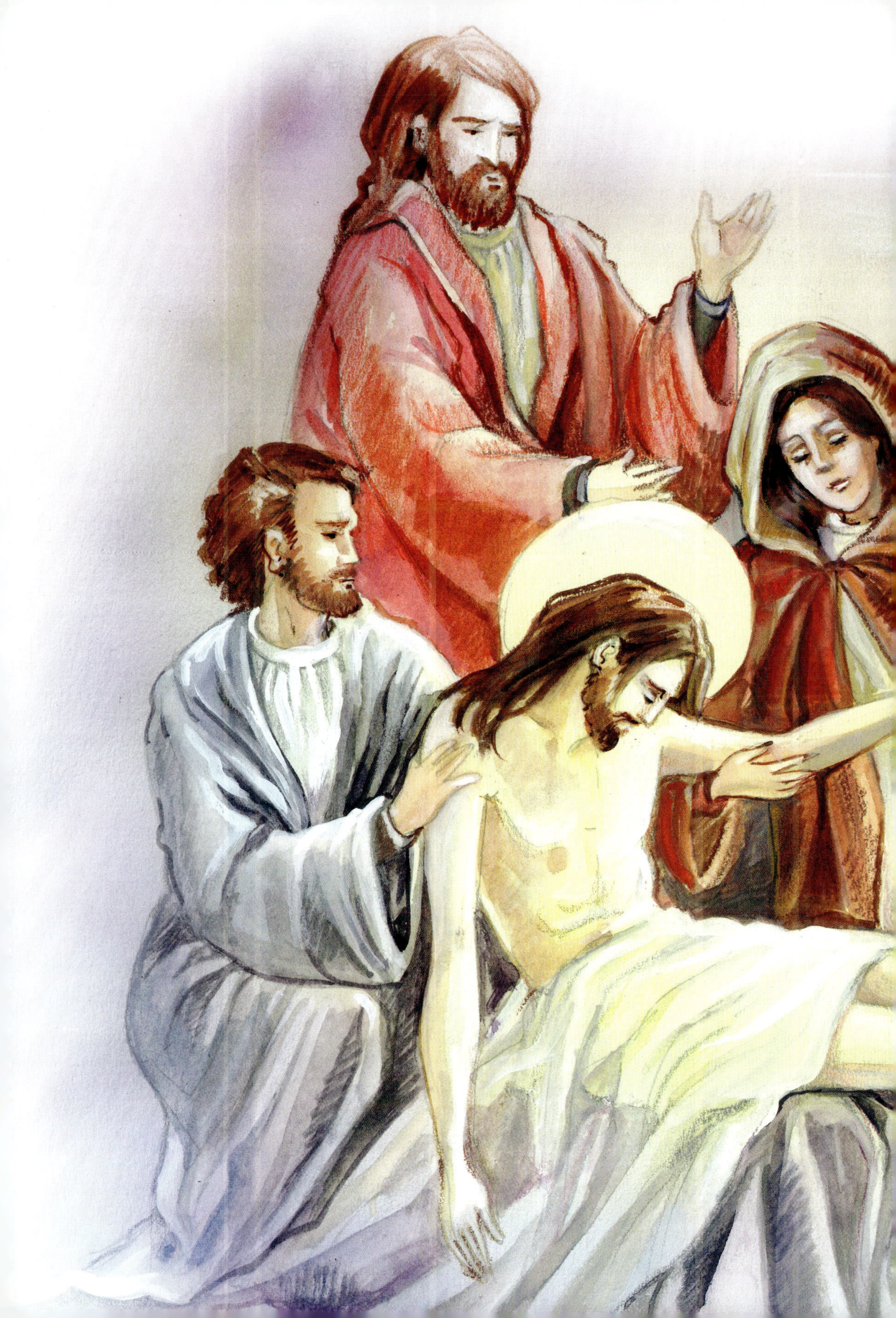

Jesús es retirado de la cruz

José de Arimatea, un hombre distinguido, se dirigió a Pilato, pidiéndole permiso para retirar el cuerpo de Jesús y sepultarlo. Pilato se lo concedió, ordenando, sin embargo, que comprobaran antes si el Señor había muerto realmente.

En cumplimiento de esa orden, un oficial romano que se llamaba Longinos, atravesó el pecho de Jesús con su lanza, y del corazón herido brotó sangre y agua. Conmovido, Longinos se convenció de que Jesús era el Hijo de Dios.

Bajaron el cuerpo de Jesús y lo pusieron en brazos de María, su madre, que había permanecido junto a la cruz, uniendo sus sufrimientos a los de su hijo para asociarse a la Redención.

No lejos del lugar de la crucifixión, José de Arimatea poseía una tumba cavada en piedra, donde nadie había sido enterrado. Allí colocaron el cadáver del Señor, luego de lavarlo, envolverlo en vendas y cubrirle la cara con un sudario. Cumplida esa tarea, José de Arimatea, algún ayudante y las mujeres que los acompañaban corrieron una pesada roca y cerraron con ella la entrada de la tumba.

La resurrección

Frente al sepulcro habían apostado una guardia de soldados. Tenían miedo de que los discípulos robaran el cuerpo de Jesús y dijeran luego que había resucitado.

El Señor murió un viernes. El sábado transcurrió sin novedad aparente. Aunque ese día Jesús bajó al lugar donde estaban las almas de todos los justos que murieron antes que Él (Abraham, Isaac, Moisés, David, Daniel, los patriarcas, los profetas y muchos otros), franqueándoles la puerta del cielo.

Los apóstoles estaban escondidos, con miedo y confusión por el fracaso que significaba el fin del que habían creído que era el Mesías. Ninguno recordaba que, en varias oportunidades, Jesús les había anunciado que moriría en la cruz y resucitaría al tercer día. Sólo María rezaba y esperaba confiada.

El tercer día posterior a la muerte de Jesús, la tierra tembló y los soldados que vigilaban el sepulcro huyeron despavoridos, cuando vieron, llenos de espanto, cómo el Redentor se levantaba de la tumba, elevándose sobre las sombras que anticipan al amanecer. Las llagas de su cuerpo brillaban.

Estaba asomando el día cuando se acercaron al lugar varias mujeres. Entre ellas Maria Magdalena.

Traían aceites y perfumes para embalsamar el cadáver del crucificado. Marchaban hacia el sepulcro, sin saber quién les ayudaría a correr la piedra de la entrada. Se sorprendieron cuando observaron que la roca había sido removida. Se asomaron y comprobaron que la tumba estaba vacía. María Magdalena pensó que alguien se había llevado el cuerpo del Señor.

Aparecieron entonces dos Ángeles con túnicas blancas. Uno de ellos dijo: "¿Por qué buscan entre los muertos al que está vivo? Cristo ha resucitado, como lo había anunciado".

Felices, las mujeres corrieron para contar las noticias a los apóstoles. Pedro y Juan se dirigieron al sepulcro y allí confirmaron que sólo habían quedado las vendas con que amortajaran a Jesús y el sudario con el que habían cubierto su cara. Aun así, los apóstoles no terminaban de creer en la resurrección, en especial Tomás.

Pero Jesús se presentó a los apóstoles, estando éstos reunidos. Entró al lugar sin haber abierto la puerta. Los apóstoles no podían creer lo que veían, les mostró las marcas de los clavos en sus manos y pies, a fin de demostrarles que no era un fantasma. Tomás no estaba allí.

Cuando le contaron lo ocurrido, Tomás se negó a creer que Jesús hubiera resucitado. Dijo: "Mientras no meta mis dedos en los agujeros dejados por los clavos y no ponga mi mano en la llaga de su costado, no voy a creerles".

Poco después, estaban los apóstoles con Tomás y apareció Jesús otra vez. Entonces, el Señor lo invitó a que introdujera sus dedos en los orificios que habían dejado los clavos en sus manos, y a que palpara la herida que llevaba en su pecho. Tomás, apenado, se inclinó ante Jesús diciendo: "Señor mío y Dios mío".

Una mañana, los apóstoles pescaban en un barco. Habían pasado la noche tratando inútilmente de sacar algo. Vieron un hombre en la playa, que les gritó: "¿No tienen algo para desayunar?".

"No", le contestaron.

"Bueno, echen la red a la derecha y conseguirán mucha pesca", les dijo.

Así lo hicieron y tanta fue la pesca que las redes amenazaban romperse. Entonces reconocieron al hombre de la playa y Pedro se tiró al agua para llegar antes a la orilla y reunirse con Jesús. Éste, mientras tanto, ya tenía prendido un fuego para desayunar con sus amigos.

La ascensión

Pasaron los días luego de la resurrección. Jesús se reunió muchas veces con sus discípulos, una de ellas en un cerro, próximo al lago Genesaret. Los discípulos sabían ya con certeza que el Señor vivía. Pero seguían sin entender cabalmente la naturaleza de su misión. Todavía esperaban que se proclamara rey y, poniéndose al frente del pueblo judío, expulsara a los romanos de Israel.
Jesús insistía en que recién terminarían de comprenderlo cuando recibieran al Espíritu Santo, que les enviaría más tarde.
En una oportunidad se dirigió a Pedro y le preguntó: "Pedro ¿me amas?".
"Señor, sabes bien que te amo", respondió Pedro.
Dijo Jesús: "Cuida a mis ovejas".
Por tres veces se repitió el diálogo y Pedro quedó confirmado como cabeza de la Iglesia.
Más tarde, Jesús se encaminó con sus apóstoles hacia un monte, cerca de Jerusalén. Les hizo allí algunas recomendaciones y les prometió otra vez enviarles el Espíritu Santo. Subió a una piedra, los bendijo, y comenzó a elevarse hacia el cielo. Los apóstoles lo miraban alejarse con pena. Jesús subía sobre el aire transparente, hasta que una nube lo ocultó.
Aparecieron dos ángeles y uno de ellos dijo: "¿Qué están mirando? Jesús, al que acaban de ver elevarse al cielo, volverá un día del mismo modo".

La llegada del Espíritu Santo

Había que reemplazar a Judas, el traidor, en el grupo de los doce apóstoles, y eligieron a Matías.
Los discípulos oraban junto a María, esperando que el Señor les enviara el Espíritu Santo. De pronto escucharon un estruendo y bajó el Espíritu Santo, en forma de llamas que se asentaron sobre las cabezas de los presentes. Se les aclaró la razón para entender la voz de Dios, ardió de amor su corazón y se fortaleció su voluntad.
Aquel estampido, como de un ciclón, se escuchó en toda Jerusalén y una muchedumbre se reunió frente al Cenáculo. Llegó gente de todas partes, del norte y del sur, del este y del oeste. Hablaban idiomas diferentes y tenían distintas costumbres. Al ver a la multitud, los apóstoles, inflamados por el fuego del Espíritu Santo, comenzaron a hablar de las grandezas de Dios, y difundieron el Evangelio sin temor alguno, con voz alta y clara. Y, milagrosamente, cada uno de ellos los oía hablar en su propia lengua.
Pedro pronunció un largo e inspirado discurso. Después, miles de personas se hicieron bautizar.

Pablo, el último de los apóstoles

El Evangelio se difundía y los apóstoles eran muy respetados.
Pero los enemigos de Jesús seguían dispuestos a silenciar sus enseñanzas. Entre ellos estaba Saulo de Tarso, un fariseo, que persiguió a los apóstoles y a los discípulos. A raíz de esa persecución, un sacerdote llamado Esteban fue muerto a pedradas. Fue el primer mártir.
Saulo marchó a Damasco con sus soldados, para apresar a los seguidores de Cristo. Pero en el camino Jesús le dirigió su palabra en medio de un resplandor. Saulo se volvió ciego y cayó del caballo. Fue instruido en la Fe, recuperó la vista y llegó a ser Pablo, el último de los apóstoles.
Los bautizados pasaron a llamarse cristianos. Y los apóstoles llevaron el Evangelio por todos los rumbos del mundo conocido.